AF340498

LE CRI

DES MARTYRS ET DES BRAVES,

OU

MONUMENT AUTHENTIQUE

DU PATRIOTISME DES DÉFENSEURS DE LYON

EN 1793,

EN RÉPONSE

AUX OUTRAGES FAITS A LEUR MÉMOIRE LE 9 OCTOBRE 1821 ;

PUBLIÉ

PAR LA COMMISSION INTERMÉDIAIRE ÉTABLIE A PARIS AVEC L'APPROBATION
DU ROI,

POUR L'ÉRECTION DU TOMBEAU

DU GÉNÉRAL COMTE DE PRÉCY.

Prix : 1 f. et 1 f. 25 c. par la poste.

A PARIS,

Chez
- Denru , Imprimeur-Libraire , rue des Petits-Augustins , n°, 5, et aux galeries du Palais-Royal.
- Petit , Libraire au Palais-Royal , galerie de Bois. n° 257.
- Corbet , Libraire , quai des Augustins , n° 61.

Et à Lyon, chez Chambet, Libraire rue Lafond.

1821.

LE CRI

DES

MARTYRS ET DES BRAVES.

Lyon s'arma, en 1793, contre la tyrannie de
la Convention, qui, déjà souillée du sang de
Louis XVI, marchait, par les confiscations,
les massacres, les emprisonnemens et les écha-
fauds, vers la destruction de toute liberté civile et politique.

Abandonné par les forces départementales,
resté seul debout sur les débris du fédéra-
lisme, Lyon se trouva bientôt placé dans l'al-
ternative, ou de se courber avec opprobre
sous le joug de ses ennemis, ou de tenter de
le rompre avec l'héroïsme de ses habitans.
L'honneur français dicta l'arrêt de sa destinée ;
l'enthousiasme l'accueillit avec transport, et
le courage enfanta les miracles du siége.

Ceux qui signalèrent la journée du 29 sep-
tembre n'ont rien qui les fasse pâlir dans nos
fastes militaires, si riches pourtant en beaux
faits d'armes ; aussi, dans le choix du jour
consacré à la translation des restes mortels du

comte de Precy, dans l'enceinte du monument expiatoire des *Broteaux*, le gouvernement lui-même et la ville de Lyon n'avaient - ils pas cru blesser les convenances les plus chères aux Français, en confondant les regrets publics sur la perte d'un guerrier qui défendit le trône des Bourbons, avec les espérances qui s'attachent au berceau de l'auguste enfant qui doit en perpétuer la gloire.

Cependant des hommes que blesse tout ce qui porte le double caractère de la religion et de l'honneur ; des hommes que Lyon renie pour ses citoyens et la France pour ses enfans, n'ont pu voir sans frémir ces honneurs rendus à la cendre des martyrs et des braves, morts en combattant pour tout ce qu'il y a de plus saint dans ce monde : la sûreté des foyers domestiques, le respect pour les personnes et les propriétés, la liberté civile, la religion de l'Etat, le gouvernement légitime et l'indépendance, enfin, politique et nationale de leur pays.

Et quel jour ont-ils choisi, ces hommes dont le cœur ne battit jamais, sans doute, aux noms de *gloire* et de *patrie ?* quel jour ont-ils choisi pour souiller la terre sacrée des Broteaux, où dorment, sous la protection des lois et l'égide de l'honneur national , ces tribus trop nombreuses des défenseurs de nos libertés publiques?.... Le jour même du 9 OCTOBRE !....... triste anniversaire de celui où , réduit par la famine , Lyon, vit pénétrer dans son enceinte, veuve de ses défenseurs, Collot-d'Herbois, Couthon , Maignet , Fouché de Nantes , Javogues, Reverchon , c'est-à-dire , tout ce que la Convention avait de plus féroce et de plus vil , avec le projet arrêté d'avance de démolir les édifices publics , renverser les autels rétablis par les soins du général Precy, égorger les prêtres sauvés par sa religieuse humanité, piller les magasins , détruire les habitans par le fer et la foudre , et tarir , par tous les moyens de violence et de rapacité , jusqu'aux dernières ressources de ce brillant et riche commerce , dont l'Europe était jalouse et la France si fière !

Les misérables ! ils sont donc descendus bien bas dans la fange de leur propre abjection, puisqu'ils vont jusques à décerner les honneurs du triomphe aux sanguinaires proscripteurs de leurs malheureux concitoyens à côté de la tombe même de leurs victimes; sorte de lâcheté plus basse, et par-là même plus coupable que celle des sauvages qui transforment en divertissemens les apprêts du supplice de leurs prisonniers....

Mais quoi..... les sauvages eux-mêmes respectent la religion des tombeaux ; ils regardent comme saints et inviolables les champs où repose la cendre de leurs proches ; ils sont attachés aux lieux qui les ont vu naître, moins parce qu'ils y vivent que parce que leurs pères y sont morts ; l'amour de la patrie se confond chez eux avec leur respect pour la mémoire de leurs ancêtres, et si l'on veut les arracher à leur pays, ils s'écrient dans leur désespoir : « Dirons-nous aux osse-» mens de nos pères de se lever et de nous » suivre !... »

Voilà les sauvages ! et des hommes, qui se disent chrétiens et Français, n'ont pas craint de braver l'indignation de leurs concitoyens, l'autorité de leur roi, la colère de leur Dieu, par des outrages qui n'ont pu s'adresser aux morts, sans r'ouvrir, pour leurs fils, pour leurs veuves, leurs filles, leurs enfans, témoins de ce scandale, la plaie toujours saignante que le souvenir de leur perte entretient dans leur cœur, et que, pour le plus grand nombre des familles lyonnaises, renouvelle chaque jour la pauvreté noble, mais douloureuse, dans laquelle les a plongées, sans espoir, la mort violente de leurs chefs.

Contre cet attentat, jusqu'à ce jour inouï dans les annales de la civilisation, l'indignation des vivans se déclare impuissante. C'est à la mort elle-même à venger la mort, en lançant la foudre sur la tête des coupables. Nous laisserons aux mânes des héros lyonnais le soin de leur propre mémoire ; nous nous contenterons de recevoir bientôt, avec respect, de leurs mains glorieuses, le volume teint de leur sang, sur les pages duquel leur dévouement inscrivit leur nom pour la défense de leur patrie aux jours de ses dangers.

Il s'agit ici d'un des documens historiques les plus précieux du siége de Lyon, connu par la tradition orale sous le nom de PIÈCE DES VINGT MILLE, à cause du nombre des signatures dont elle est couverte.

Ce monument authentique de patriotisme, que l'on a cru anéanti avec beaucoup d'autres pièces, par la main des conventionnels, intéressés, depuis le retour de la justice, à faire disparaître un témoignage aussi éclatant de leur propre honte et de la gloire de leurs victimes, a heureusement trompé les recherches de la malveillance. Il paraîtra , sous peu ,

dans la NOUVELLE HISTOIRE du siége, qui se pré-
pare.

Il sera glorieux pour nous de le reproduire
aux regards de la France et de l'Europe, afin
de faire ressortir davantage le crime des per-
turbateurs de la cendre des braves et des
martyrs, en rapprochant de ces outrages les
vertus patriotiques qui en sont l'objet.

En attendant l'époque que nous avons cru de-
voir assigner à sa publication, un exposé succinct
des circonstances qui le virent naître suffira
pour en faire sentir l'importance historique et
le prix que chaque Français, chaque Lyonnais
surtout, doit naturellement mettre à se le pro-
curer.

———————

Le siége était commencé depuis neuf jours.
Les proconsuls du camp de la Pape, qui,
avec plus de 40 mille hommes de bonnes
troupes, commandés par Kellermann, s'é-
taient flattés d'enlever d'un coup de main une
aussi grande ville, défendue par quatre ou
cinq mille habitans armés, avaient déjà ap-
pris, aux dépens de leurs colonnes battues
dans toutes les rencontres, que les *musca-
dins* valaient pour le moins leurs vieux soldats
et ne leur donneraient pas peu de peine à ré-

duire. Ils eurent donc recours à l'astuce or-
dinaire à leurs pareils; et feignant de croire
que la masse des habitans n'avait secoué le
joug de la Convention que par les intrigues
des administrateurs et des chefs militaires
dont ils prétendaient qu'elle était dupe, ils
envoyèrent, le 17 AOUT, par un parlementaire,
une dépêche rédigée dans cet esprit de perfi-
die révolutionnaire. Le message promettait
amitié et protection aux citoyens paisibles,
pourvu que, dans UNE HEURE, pour tout dé-
lai, la ville ouvrît ses portes, se mît à la dis-
crétion des proconsuls, et leur livrât le général Précy, son état-major et les autres chefs.

La dépêche, signée DUBOIS-CRANCÉ et GAU-
THIER (de l'Ain) était particulièrement souscrite
par François-Christophe Kellermann. Elle fut
remise au comte de Précy, et ouverte par lui en
pleine séance du conseil administratif du gouvernement. Après sa lecture, le général se lève :
« Messieurs, dit-il, j'ai ceint l'épée d'après
» le vœu du peuple de Lyon ; je la dépose jus-
» qu'à ce que son vœu, de nouveau librement
» exprimé, m'engage à la reprendre. »

Soudain, la lettre des conventionnels est im-
primée à plusieurs milliers d'exemplaires, criée
dans les rues, placardée dans les carrefours, dis-

tribuée gratis par les colporteurs, et lue dans toutes les sections, afin que Lyon ne contienne pas un seul habitant qui ne la connaisse. On y joint dans quelques heures la réponse rédigée par les commissaires des trente-deux sections ; on rend cette réponse publique par les mêmes moyens; des registres sont ouverts partout pour y recevoir le vœu individuel et libre de chaque citoyen, et bientôt les mêmes registres, chargés de vingt mille signatures, reportent le vœu général des Lyonnais aux proconsuls, qui, confondus par un langage que leur bassesse ne saurait comprendre, se vengent de la honte qu'il imprime à leur conduite, en faisant redoubler le feu meurtrier de leurs batteries.

La réponse des vingt mille est, en effet, digne des beaux siècles de l'histoire dans les pays les plus dignes de la véritable liberté.

Sparte en eût envié la concision énergique; Rome y eût reconnu l'empreinte de ses grands caractères; la France, non sans un juste orgueil, y verra briller les flammes de son antique honneur.

Quant à la montagne conventionnelle, ramas impur de tyrans abrutis, elle n'y vit que de longues tables de proscription qu'elle reçut

avec la joie infernale du crime, et qu'elle s'em-
pressa de réexpédier à ses représentans, chargés
de l'épouvantable holocauste qui devait cou-
ronner les horreurs du siége « afin , dit le dé-
cret de renvoi, de servir de base à leurs
opérations dans cette ville rebelle. »

Hélas ! ces intentions homicides ne furent
que trop cruellement remplies. par ce groupe
de conventionnels , dont les profanateurs du 9
octobre viennent de célébrer le triomphe ! Et il
n'est peut-être pas une seule des vingt mille
signatures qui accompagnent cette réponse ,
sur laquelle leur férocité à-la-fois impétueuse
et calculée , n'ait fait tomber du sang ou des
larmes !

C'est donc ici le vrai martyrologe des braves
Lyonnais ; c'est un livre mortuaire de famille,
où chacun d'eux cherchera avec empresse-
ment, où nul d'entre eux ne pourra retrou-
ver, sans l'arroser de pleurs , le nom d'un
père, d'un fils, d'un frère, d'un parent, d'un
ami, d'un compagnon d'armes, frappé de la
mort des braves sur le champ de bataille , ou
de celle des martyrs sous le fer des tyrans.

Un grand nombre encore (nous osons l'espé-
rer des bontés de cette providence qui n'a pas
voulu que toutes les générations des justes

fussent moissonnées à-la-fois , et qui s'est plû si souvent à égarer la main ou à tromper l'œil de leurs bourreaux) ; un grand nombre encore y relira son propre nom et sentira de nouveau tressaillir son cœur pour son Dieu, sa patrie et son roi , par le souvenir du sacrifice courageux qu'il leur fit, il y a trente ans , de son repos, de sa fortune et de sa vie.

Quant aux mauvais citoyens dont la rage, loin d'être assouvie par les infortunes sans nombre qui suivirent un dévouement si généreux, s'efforce de r'ouvrir nos anciennes blessures avec l'arme empoisonnée du libéralisme, qu'ils apprennent , par l'issue burlesque de leur dernière orgie , qu'à côté de l'autorité publique , désormais attentive à réprimer à leur naissance les essais de la sédition , veillent encore les vieux soldats de Précy, fiers des hommages que la VILLE FIDÈLE et les départemens limitrophes ont rendu , avec l'approbation spéciale du ROI, à la mémoire de leur chef. Certes, ce triomphe est remarquable, à la suite de circonstances qui semblaient le rendre impossible.

L'époque n'est pas encore très-éloignée où l'on n'aurait peut-être pas osé faire retentir avec éloge le nom de ce héros , et solenniser les faits d'armes du siége, dans ces mêmes contrées que vient de parcourir, au milieu des bénédictions des peuples et des larmes de ses soldats, le char funèbre qui a porté ses restes mortels dans le monument que leur reconnaissance lui élève.

Ainsi se dégage du sein des vapeurs révolutionnaires, la gloire pure et de jour en jour mieux appréciée des hommes fidèles qui ne séparerent jamais dans leurs vœux et dans leurs sacrifices, les intérêts de leur pays des droits de leur souverain légitime, et les principes austères du citoyen des qualités brillantes du guerrier.

C'est donc en vain qu'une poignée d'hommes, qui déshonorent le titre de Français, s'efforceraient d'insulter à leur mémoire.

Sentinelles avancées sur le terrain religieux des martyrs et des braves, nous sommes là pour déjouer leurs plans, pour repousser leurs attaques, non sans doute par une lutte directe avec des factieux qu'on ne saurait où trouver dans les rangs des Français, avec d'obscurs révolutionnaires, qui se cachent dans l'ombre, et dont le mépris public fait justice ; mais en saisissant dans chacun des coupables essais qu'ils oseraient tenter encore, l'occasion de tirer de l'oubli où on les a trop long-temps laissés, et de revêtir de l'éclat de la célébrité qu'ils méritent, quelques-uns des traits de patriotisme, de vertu et de courage dont fourmille l'histoire des défenseurs de Lyon, et que reproduiraient au besoin dans la VILLE FIDÈLE, les nombreux enfans, de ces premiers héros, fiers de leur gloire et dignes émules de leur dévouement.

Nous sommes en fonds à cet égard; notre carquois est inépuisable; l'arc est tendu, et nos flèches vengeresses n'attendent que le signal.

IMPRIMERIE D'ABEL LANOE.